KB193035

라마나의 가르침

라마나의 가르침

초판발행 2023년 5월 10일

지 은 이 바가반 슈리 라마나 마하리쉬
옮 긴 이 김병채

펴 낸 이 황정선
출판등록 2003년 7월 7일 제62호
펴 낸 곳 슈리 크리슈나다스 아쉬람
주 소 경상남도 창원시 의창구 북면 신리길 35번길 12-9
대표전화 (055) 299-1399
팩시밀리 (055) 299-1373

전자우편 krishnadass@hanmail.net
카 페 cafe.daum.net/Krishnadas

ISBN 978-89-91596-85-6 (03270)

라마나의 가르침

바가반 슈리 라마나 마하리쉬 저

김병채 옮김

슈리 크리슈나다스 아쉬람

I offer this Korean Edition to
the Lotus Feet of
Bhagavan Sri Ramana Maharashi

머리말

이 책 [라마나의 가르침]은
"가르침의 꽃다발"로 번역될 수 있는 우빠데사 만자리이다.

초기 헌신자들 중의 한 명인 슈리 나따나난다는 어느 날부터
바가반과 그의 헌신자들 사이에 일어난 대화를 받아 적었다.

그런 다음 그것들을 정리하고 확장시켜
바가반에게 보여주었고, 그는 그것을 인정해주었다.

그러고 나서 그것은 우빠데사 만자리,
즉 영적 가르침이라는 제목으로 출판되었다.

이 책은
그 위대한 영혼, 슈리 라마나 마하리쉬의 불멸의 말들의 전형인데,
그의 가르침은 마치 태양이 어둠을 몰아내듯이
이 비천한 사람의 의심과 그릇된 관념을 완전히 몰아냈다.

이 책의 주체는
모든 베다와 아가마의 정점이자
가슴으로서 빛나는 그 영원한 브람만이다.

모든 우빠니샤드가 칭송하고 모든 고귀한 수행자들이 추구하는
비할 바 없는 나 깨달음이, 이 책의 주제이다.

옮긴이의 글

슈퍼에서 파를 사온다면 흙을 떨어내야 하고 뿌리를 자르고 누런 잎들은 벗겨내야 한다. 또 쓸모없을 것 같은 부분의 잎들은 잘라야 한다. 조금 더 씻어서 물에 담가두면 너무나 아름다운 그분의 작품이 된다.

이 책에서 어려운 산스끄리뜨를 우리 말로 옮기고 내용에 어울리도록 옷을 입히니 정말로 훌륭하고 향기를 지닌 책으로 그 모습을 들어낸다. 어느 성자는 말한다. 라마나는 엽서 크기에 경전을 담는다고..... 책을 좀 읽었고 또 앞선 구도의 길에서 경험한 것을 바탕으로 앞으로 올 분들을 위하여 무엇인가를 정리해야 되지 않나 라는 생각이 들었다.

"크리슈나다스, 왜 그래요. 이것을 보세요." 그래서 이 책을 다시 보게 되었다. 질문자도 대단하지만 라마나님의 답 글은 핵심을 담아내고 있었다. 이 책의 정수를 알아보고는 그 작은 부담을 내려놓게 하였다.

나에게 라마나님은 늘 그러한 분이시다. 내가 모든 것을 할 것이니 그대는 노래하라는 듯하다. 그분께서는 나의 삶에 들어오신다. 자주.

젊은 시절 빠딴잘리 요가를 좀 읽은 편이다. 논문도 쓰고자 하기도 하였다. 그러나 사마디는 내가 경험하지 못한 내용이라 포기하였다. 지금은 쓸 수 있는 사람이 되었다. 그 책은 요점을 말하고 있다. 그러나 다시 보니 그 책을 등불로 삼아 진리를 찾는 데는 많은 수고와 시행착오를 겪어야 할 것이라는 것이 보인다.

찬란한 현상계를 꿰뚫어 설명하고 그 배후에 거대한 바탕으로 있는 진리를 가리키는 라마나님 특유의 간결함을 이 책에서 본다. 질문을 하는 사람들도 너무나 깊이가 있는 구도자들이고 답변은 새로운 세상으로 들어가게 한다.

라마나님은 한분이시고 가르침이라는 버전은 라마나스라맘에서 출간한 것과 삿SAT에서 출간은 것이 있다. 이 두 책은 조금 다르지만 어떤 의미에서는 똑 같다. 그래서 두 버전을 하나로 모으고 싶었다.

이러한 책이 지상에 있는 줄 모르고 수많은 경전들을 탐독하였다. 젊은 시절에 접했다면 방랑을 많이 하지 않았을 것이라는 생각이 든다. 그래서 구도자들에게 적극 추천한다.

목차

제1장
가르침[1]

1 우빠데사

1.

진정한 스승[2]의 분명한 표시는 무엇입니까?

마: 진정한 스승은 아주 깊은 곳에 있는 나에 항상 머물고 있습니다. 그는 언제, 어느 장소, 어떤 상황에서도 평등한 눈으로 모든 것을 바라봅니다.

그는 자신과 다른 사람들 간의 차이를 결코 지각하지 않습니다. 즉 자신은 진리를 깨달은 사람이거나 해방된 사람이고 자신의 주위에 있는 사람들은 굴레로 활기가 없거나 깊은 무지에 들어있다고 생각하지 않습니다. 그의 확고함은 그 어떤 환경에서도 결코 흔들리지 않습니다.

---

2 삿구루

2.

진정한 제자[3]에게 필요한 자질은 무엇입니까?

마: 삶의 슬픔[4]으로부터 자유로워지고 지고한 영적 희열을 성취하겠다는 강렬한 열망을 가지는 것입니다. 그는 그 외의 다른 것에 대해서는 조금이라도 바라지 않아야 합니다.

3 성실한 제자(사드시슈야)
4 삶으로부터 달아나는 것이 아니라 마음을 초월하여 있는, 죽음을 초월하여 있는 영원한 진리를 깨닫고자 하는 것.

3.

스승이 제자에게 주는 가르침 즉 우빠데사는 무엇입니까?

마: '우빠데사'라는 말은 어떤 대상을 그것의 참되고 적절한 장소로, 가까이로 되돌려놓는 것을 의미합니다.

제자의 마음은 경전들이 절대적 존재, 절대적 의식, 절대적 희열이라고 말하는 순수한 존재 즉 나라는 참된 최초의 상태를 벗어나 생각의 형상을 취하고는 감각을 만족시켜주는 대상들을 향하여 늘 달리고 있습니다. 그래서 제자의 마음은 기쁨과 슬픔에 의해 끊임없이 고통을 받고 약해지고 낙심합니다.

'우빠데사' 즉 가르침은 제자의 마음을 그 원초적 상태로 되돌리는 것입니다. 마음이 자신의 순수한 존재인 나 즉 다른 말로 하자면 스승의 존재와의 완전한 동일시의 상태로부터 벗어나는 것을 실질적으로 막아주는 스승[5]으로 이루어집니다.

'우빠데사'는 또한 멀리 있는 대상을 아주 가깝게 보여주는 것을 의미합니다. 제자가, 자신과 멀리 떨어져 있고 그 자신과는 별개라고 믿는 나 즉 절대자를 자기 가까이 있으며 자신과 다르지 않다는 것을 납득시킵니다.

5 삿, 찟, 아난다(존재, 의식, 희열)라는 용어가 가리키는 것의 화신인 구루.

4.

위의 진술이 의미하는 바처럼, 스승의 존재는 제자의 존재와 실제로 동일합니다. 그런데 왜 경전들은 구도자의 성취가 아무런 크더라도 구도자는 구루의 은총이 없이는 깨달음을 얻을 수 없다고 단정적으로 선언합니까?

마: 절대적 진리[6]에서는 구루의 존재는 제자의 존재와 동일합니다. 그러나 무지 때문에 개인적 영혼[7]이 되어버린 제자가 구루의 은총이 없이는 자신의 진정한 존재를 깨달을 수 있는 경우는 매우 드뭅니다.

책의 공부가 아무리 깊고 광범위하더라도, 덕이 있는 별난 것을 행하거나, 분명히 불가능한 행위를 하더라도 그러한 것들이 자신으로 하여금 진정한 깨달음을 얻도록 해주지는 않습니다,

그러한 학자나 영웅에게, "당신은 당신 자신을 압니까?" 라고 물으면 자신의 무지를 받아들이는 데 주저 할 것입니다.

정말이지 스승과 스승의 신성한 현존의 발아래를 제외하고는, 구도자는 마음이 전적으로 가라앉고 자신의 모든 활동이 전적으로 그치는 순수한 존재 즉 나라는 그 진정한 최초의 상태는 얻어지지 않을 것입니다. 그러므로 스승의 은총이 제자의 깨달음을 얻는데 필수적이라고 말해집니다.

---

6 영적 의미에서는
7 지바

5.

그러면 스승의 은총은 무엇입니까?

마: 그것은 말과 생각을 넘어서 있습니다. 그러므로 그것은 너무나 미묘하여 말로 설명할 수는 없습니다.

6.

만약 그렇다면 어떻게 제자가 구루의 은총에 의하여 자신의 참된 상태를 깨닫는다고 말해지는 것입니까?

마: 그것은 마치 코끼리가 꿈 속에서 사자를 보고 잠에서 깨어나는 것과 같습니다. 코끼리가 단지 사자를 꿈 속에서 보는 것만으로 잠에서 깨어나듯이, 제자도 구루의 자비로운 은총의 눈길로 무지의 잠으로부터 그를 실재the Real[8]로 깨어나게 합니다.

8 진정한 지식으로 깨어남

7.

스승이 바로 신, 자기 자신 혹은 지고의 존재라고 하는 경전의 말의 바탕이 되는 진리는 무엇입니까?

마: 진정한 지식과 깨달음을 추구하는 다시 말해 지고의 존재를 깨닫기 위해 구도자는 아무런 욕망이 없이 신의 은총을 얻기 위하여 신에게 헌신한다고 경전들은 선언합니다. 사실 신은 구도자 자신의 존재의 핵심core입니다. 신은 구도자 안에 순수한 의식, 보는 자Seer로서 언제나 존재합니다.

그러한 헌신의 결과와 그에 대한 염려로 신은 올바른 때에, 절대적 존재, 절대적 의식, 절대적 희열이라는 세 가지 내재적 특성들을 지닌 인간의 형상을 취한 스승으로서 그의 앞에 나타난다고 경전은 선언합니다.

더 나아가 경전들은, 스승은 자신을 완전히 잃어버리고 있는 그의 제자를 은총을 통해 그의 스승과 동동하게 되거나 혹은 동일해질 수 있도록[9] 도와준다고 분명히 말합니다. 그러므로 스승은 다름 아닌 지고의 존재로 인식되어야 합니다.

9 그에게 흡수되도록

8.

스승의 은총이 이와 같이 필수적인 것으로 여겨진다면, 일부 위대한 영혼들이 스승에게 의지하지 않고 나 깨달음을 성취한 것은 어찌된 것입니까?

마: 소수의 성숙한 영혼들에게는, 지고의 존재가 안에 있는 빛 중의 빛으로서, 지식을 전해준다[10]는 것은 사실입니다.

10 지식의 빛으로서 빛나고 그리고 진리의 자각awareness of the Truth을 전해준다.

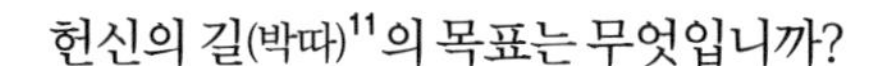

9.

헌신의 길(박띠)[11]의 목표는 무엇입니까?

마: 그것은 헌신자가 생각, 말, 행위에서 절대적으로 순수한 삶을 사는 것입니다. 그는 자신을 단지 신의 하인이라 여깁니다. 그는 자신의 행위의 결실을 누리려는 아무런 욕망을 가지지 않고 믿음과 헌신으로 늘 행위를 합니다. 그런 헌신자는 지적 추론에서가 아니라 직접적이고 의심할 수 없는 경험으로 신 안에 빠져듭니다. 그래서 그는 자신의 모든 행위가 실제로 지고한 주재자Ordainer[12]의 행위라는 진리를 결국 깨닫게 됩니다.

그는 자신이 하는 행위에서 개인적 의지나 주도권 혹은 심지어 신의 존재와 별개인 독립된 존재조차도 가지고 있지 않다고 느낍니다. 그의 몸이 무엇을 하는 것처럼 보이든, 또는 그가 무엇을 소유하고 있는 것처럼 보이든, 그는 '나'[13]와 '나의 것'[14]이라는 느낌으로부터 완전히 자유롭습니다.

그래서 그는 사심 없는 지고의 존재의 찬란한 영광 안에서 빛납니다. 이것이 지고의 헌신[15]이라는 것입니다.

---

11 [역자 주] 싯단따의 길이라고도 함. 남인도에서는 절대자를 쉬바라고 함. 다른 지역에서는 다른 이름으로 부름. 절대자를 사랑하는 길.
12 [역주] 지배자, 주인, 신.
13 아함까라
14 마마까라
15 빠라박띠

10.

그렇다면 지식의 길[16]의 목표는 무엇입니까?

마: 그것은 자신이 지고의 신과 별개인 존재가 아니라는 것을 아는 것, 즉 진정한 '나'와 절대자가 하나이며 동일하다는 것을 깨달음으로써 '나는 행위자이다' 다른 말로 하자면, 아함까라라는 자아적 관념[17]을 완전히 소멸시키는 것입니다.

16 갸나, 베단따 마르가
17 까르뜨라뜨바

11.

헌신의 길과 지식의 길[18]이 같은 목표에 이르게 합니까?

마: 그렇습니다. 그것들은 같은 목표에 이르게 합니다.

18 베단따의 길

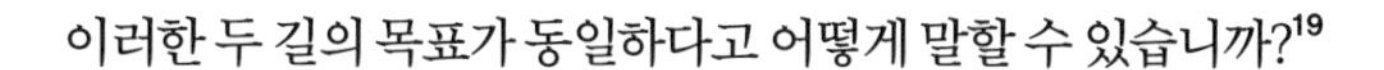

12.

이러한 두 길의 목표가 동일하다고 어떻게 말할 수 있습니까?[19]

마: 해방[20]은 가능한 모든 수단으로 '나의'와 '나의 것'이라는 느낌[21]의 완전한 파괴와 자아[22]의 완전한 소멸로 이루어집니다. 더구나 그것들은 완전히 상호의존적이어서 함께 번성하는 것으로 밝혀짐에 따라, '나의 것이라는 느낌'이나 자아 중의 어느 하나의 파괴는 다른 것의 파괴를 초래합니다.

말과 생각을 초월하는 그 지고한 정지 상태[23]를 얻기 위해서는, '나의'와 '나의 것'이라는 느낌의 파괴의 결과를 낳는 헌신의 길[24]이나 자아의 소멸로 이어지는 지식의 길[25] 둘 중 어느 것이든 똑같이 효과적입니다.

그러므로 두 길의 목표가 하나이고 같다는 것에는 의심의 여지가

19 박띠 마르가 즉 헌신의 길은 신의 존재를 가정한다. 그래서 헌신자는 신에 대한 봉사의 삶을 산다. 그래서 그는 신과 신의 헌신자라는 분리가 분명히 보인다. 베단따 마르가 즉 지식의 길은 이와는 반대로 나 즉 절대자만이 실재이다. 그것이 하나이며 우주적이라는 것에서 시작한다. 이제 제자는 그와 같이 분명히 다른 양립할 수 없는 입장들에서 시작하는 헌신의 길과 지식의 길이 같은 목표에 이르게 하는지를 알고자 한다.

20 묵띠

21 마마까라

22 자아가 헌신자에게 존재하는 한, 그는 지고의 임명자의 존재를 그의 삶과 행위를 지배하는 것으로서 받아들여야 한다는 것에는 논쟁의 여지가 없다. 그러므로 자아가 완전히 사라지는 사유지야sayujya 혹은 지고의 존재와의 동일시의 깨달음이라는 목표에 쉽게 도달하기를 원한다면 지고의 신에 대한 완전한 복종이라는 그의 위치를 받아들이고 끝까지 행위하는 것이 합당하다.

23 마우나

24 박띠의 길

25 베단따의 길

없습니다.

메모 자아[26]가 자신에게 존재하는 한, 헌신자는 신의 존재를 자신의 삶과 행위를 지배하는 것으로서 받아들여야 한다는 것에는 논쟁의 여지가 없다. 그러므로 자아가 완전히 사라지는 즉 지고의 존재와의 동일시의 깨달음[27]이라는 목표에 쉽게 도달하기를 원한다면 지고의 신에 대한 완전한 종속subordination이라는 자신의 위치를 받아들이고 끝에 이를 때까지 행위를 하는 것이 합당하다.

26 아함까라
27 사유지야

13.

자아[28]는 무엇입니까?

마: 스스로를 '나'라고 표현하는 지바 즉 (그것의 존재를 몸에 있는 생명의 존재와 동일시하는) 개인적 존재는 자아로 불립니다. 순수한 의식인 나는 자아 감각이 없습니다. 그 스스로가 비활성적인 몸도 이런 자아 감각을 가질 수 없습니다.

그 둘, 즉 나인 순수한 의식과 비활성의 몸 사이에서 아주 신기하게도 혼합체인 자아 감각 즉 "나" 관념이 생겨납니다. 그것은 둘 중 어느 것도 아니며, 지바 즉 개인적 존재로서 번성합니다. 이 지바는 삶에서 헛되고 바람직하지 않은 모든 것의 근본 원인입니다. 그러므로 그것이 어떤 가능한 수단에 의해 파괴된다면, 언제나 있는 그것만이 찬란하게 남습니다.[29] 이것이 사실 해방 혹은 자유emancipation입니다.

---

28 아함까라
29 진정으로 존재하는 것이 있는 그대로 보이게 될 것이다. 그것은 해방이라 불린다.

제2장
수행[30]

1.

제자가 채택하고 따라야 하는 올바른 수행 방법은 무엇입니까?

마: 첫 번째로, 나[31]는 구도자와 별개이고 구도자와 구분되어 존재하는 어떤 것이 아니라는 점을, 말하자면 그에게 없어서 그가 바깥으로부터 얻어야 하는 어떤 것이 아니라는 점을 인식해야 합니다.

그 자신과 동일한 자신의 탐구의 대상보다 더 고귀하거나 숭고한 것은 없다는 것을 더 생각한다면[32], 해방을 얻으려고 간절히 노력하는 사람은 영원한 것과 그렇지 않은 것을 분별하는 방향으로 우선 나아가야 합니다.

이 분별적 통찰에 의해, 그는 아무런 의심과 착각이 없이 자신의 진정한 존재가 무엇으로 이루어져 있는지를 알아야 합니다. 이렇게 자신의 참되고 자연스러운 상태를 깨달으면 그는 변함이 없이 확고하게 그 안에 자리 잡아야 합니다.

이것이 수행의 방법[33]입니다. 이것이 나에 대한 직접적이고 즉각적인 지식을 얻도록 해주는 탐구의 길[34]이라고 불립니다.

31 아뜨만
32 나 깨달음은 오직 그 자신의 성품에 대한 깨달음이다.
33 갸나 사다나
34 비짜라 마르가

2.

개인적인 영적 성취가 무엇이든 모든 구도자들이 나 탐구의 방법[35]을 즉시 채택하고 수행하는 것이 가능합니까?

마: 아닙니다, 이것은 성숙한 영혼들에게만 적합합니다.[36] 다른 이들은 자신들의 정신적이고 도덕적인 개인적 발달에 맞는 다른 수행법을 따라야 합니다.

---

35 [역주] 쭈달라의 탐구의 방법을 들어보면 " 나는 '내가 누구지?'라고 물어본다. 그러면 나에 대한 무지와 망상이 일어날 수가 없구나. 물질적 몸은 스스로 움직이지 못하는 것이 확실하고, 또 그 몸이 나가 아닌 것도 틀림없다. 그 몸은 오직 마음속의 생각이 움직이기 때문에 경험되는구나. 행위의 기관들도 단지 몸의 일부분에 불과하다. 그러므로 그 기관들도 단지 몸의 일부분에 불과하다. 그러므로 그 기관들은 스스로 움직이지 못하는 몸의 일부분이기 때문에 역시 스스로 움직이지 못하는 몸의 일부분이기 때문에 역시 스스로 움직이지 못한다. 감각의 기관들도 스스로 움직이지 못한다. 왜냐하면 그것들이 작용하기 위해서는 마음에 의존해야 하기 때문이다. 심지어 마음도 스스로 움직이지 못한다. 마음은 생각을 하고 개념을 품지만, 그것도 결정의 동인인 지성(붓디)에 의해 그렇게 하도록 이끌린 것이다. 심지어 이 지성도 스스로 움직이지 못하는 것이 확실하다. 왜냐하면 그것은 자아의 지시를 받기 때문이다. 이 자아도 스스로 움직이지 못한다. 왜냐하면 그것은 마치 무지한 아이의 마음에 떠오르는 것과 꼭 같이, 지바에 의해 나타나기 때문이다. 지바는 단지 순수한 의식이 말하자면 생명력의 옷을 입고 있는 것에 불과하다. 그것은 가슴 속에 거주한다. 자, 보라! 나는 지바로서 거주하는 것이 순수한 의식인 나라는 것을 깨달았다." [깨달음을 얻은 쭈달라의 이야기, PP 15-17]

36 사람은 지식의 길에 적합해지기 전에 우물과 저수지들로 비유되는 행위들을 수행하는 것이 필요하다[바가바드 기타].

3.

탐구의 길을 따를 수 없는 사람들에게 도움이 되는 다른 방법들은 무엇입니까?

마: 그것들[37]은 (1) 찬가, (2) 만뜨라의 반복, (3) 명상, (4) 요가, 그리고 (5) 지식[38] 등입니다.

(1) 찬가[39]는 헌신의 감정으로[40] 신을 노래하는 것입니다. 헌신자는 자신의 신에 대한 헌신으로 눈물을 흘리기도 합니다.

(2) 만뜨라의 반복[41]은 자신이 헌신하는 신의 이름이나 옴 같은 신성한 음절들을 입 밖으로 소리 내어 외거나 마음속으로 외는 것입니다.

위의 것을 할 때 헌신자의 마음은 때때로 아주 깊은 집중에 도달하거나 어떤 때는 마음이 밖으로 나가거나 흩어집니다. 이 수행과 관련된 단점은 집중된 마음 상태와 흩어진 마음의 상태를, 한 상태에서 다른 상태로의 변화 혹은 이동을 쉽게 감지할 수 없다는 것입니다.

(3) 명상은 깊은 헌신의 감정을 가지고 말로서나 마음으로 이름들

---

37 오직 마음을 안정시키고 한 점을 향하게 하기 위하여 다양한 사다나가 수행되는데, 이 모든 것들에 있어서 생각과 생각의 멈춤, 끌어당김과 밀어냄, 움켜쥠과 놓아줌은 비까라 즉 마음의 변형이므로 실제적이고, 변함이 없고, 머무르고 있는 참된 존재와는 관계가 없다. 직접적이고 즉각적인 경험에 의해 이것을 사람의 참된 성품으로 알고 나에게 몰두한 그 상태 안에 머무르는 것은 해방(반다 니브리띠bandha nivrtti) 혹은 매듭을 잘라내는 것(그란띠 granthi)이라고 불린다. 완벽한 평화와 평온을 특징으로 하는 이 순수한 존재의 상태를 확고히 얻을 때까지 오직 두 가지만이 꼭 필요한 사다나인데, 즉 나를 단단히 붙잡는 것을 놓치지 않는 것과 마음이 관련 없는 생각에 의해 오염되지 않도록 하는 것이다.

38 갸나

39 스또뜨라

40 가슴으로

41 자빠

을 반복하는 것, 즉 자빠를 하는 것입니다.

이 상태에서, 마음은 명상자에 의해 분명하게 인식됩니다. 왜냐하면 마음은 본질적으로 외면화되면서 동시에 집중될 수 없기 때문입니다. 다시 말하면 마음은 명상에 있는 동안, 감각 지각의 대상을 쫓아갈 수 없습니다, 즉 산만하거나 동요되지 않습니다. 반대로 감각 지각의 대상을 쫓는다면 그것은 명상에 머무를 수 없습니다.

그러므로 명상의 상태에 있는 동안 마음의 움직임을 즉시 쉽게 인식하는 것이 가능합니다. 더구나 사람은 외부 생각의 침입이 일어날 때 그것을 확인하여, 마음을 명상에 단단히 고정시킬 수 있습니다.

명상의 수행의 완성은 나 안에 한결같이 머무르는 것입니다.

마지막으로, 명상은 아주 미세한 활동이고 생각의 근원의 매우 가까운 곳에서 수행되기 때문에, 마음이 일어나고 가라앉는 것이 일어날 때 그 일어남과 가라앉음을 즉시 지각하는 것이 어렵지 않을 것입니다.

(4) 요가는 요가 체계의 바탕이 되는 원리는 마음의 근원과 호흡 즉 생명의 힘들의 근원이 하나이며 같다는 것입니다. 그러므로 둘 중 어느 하나가 효과적으로 통제되면, 다른 것 또한 자동적으로 통제됩니다. 요가는 쁘라나라야pranalaya 즉 호흡과 활력의 가라앉음을 통해 마음의 가라앉음[42]을 가져오는 것입니다. 이것은 쁘라나야마의 수행에 의해 야기됩니다.

사하스라라 같은 사이킥 중심에 마음을 가라앉힘으로써[43], 요기는

42 마노라야
43 마음을 고정시킴으로써

자신의 몸의 존재를 전혀 의식하지 않고 원하는 만큼 오랫동안 머무를 수 있습니다. 마음이 이 가라앉은 상태에 머물러있는 한, 요기는 마치 어떤 희열을 경험하고 있는 것처럼 느낍니다. 그렇지만 마음이 그 상태로부터 나오게 되면, 그것은 다시 세상 존재의 영향을 받게 됩니다.

그러나 만약 마음이 이렇게 나타날 때 수행자가 명상 혹은 나 탐구 같은 수행[44]을 한다면, 그는 마침내 사라짐도 일어남도 없는 상태를 얻을 것입니다.

(5) 지식[45]은 명상 혹은 나 탐구(비짜라)의 끊임없는 수행에 의해, 그것이 나와의 절대적인 동일시를 깨닫게 함으로써 마음을 완전히 소멸시키는 것입니다. 마음의 완전한 소멸은 모든 노력(그것을 통제하는 것이나 지휘하는 것 둘 중 하나인데, 그것은 마음이 산만하거나 세상적 존재의 영향력에 지배받을 때만 필요합니다.) 마침내 멈추는 그 순수한 존재의 상태와 동의어입니다.

그 상태에 도달한 사람들은 결코 그것에서 벗어나지 않습니다. 정지Quiescence[46]라고 불리는 것이 바로 그 순수한 존재의 상태입니다.

메모 1 오직 마음을 안정시키고 한 점을 향하게 하기 위해 다양한 사다나가 수행되는데, 이 모든 것들에 있어서 생각과 생각의 멈춤, 끌어당김과 밀어냄, 움켜쥠과 놓아줌[47]은 비까라 즉 마음의 변형이

---

44 사다나
45 갸나
46 마우나
47 마음이 강렬한 욕망으로 어떤 대상을 소유하려고 다가가는 것이 움켜쥠이고, 마음의 반대의 태

다. 그러므로 실재이고, 변함이 없고, 늘 있는 자신의 참된 존재와는 관계가 없다.

이것을 직접적이고 즉각적인 경험에 의해 자신의 참된 성품으로 알아서 나에게 흡수되어 그 상태 안에 머무르는 것이 해방[48] 혹은 매듭[49]을 잘라내는 것이라고 불린다. 완벽한 평화와 평온을 특징으로 하는 이 순수한 존재의 상태를 확고히 얻을 때까지 오직 두 가지만이 꼭 필요한 수행이다. 즉 나를 단단히 붙잡는 것을 놓치지 않는 것과 마음이 관련 없는 생각에 의해 오염되지 않도록 하는 것이다.

메모 2 마음을 확고히 하고 강하게 만드는 여러 가지 방법들이 있지만, 그 모든 것들은 사실 하나의 동일한 결과를 얻기 위한 것이다. 즉 자신이 나 혹은 지고의 존재와의 동일성을 깨닫기 위한 것이다.

각각의 수행자는 자신의 마음을 고정시킬 어떤 대상을 택할 수 있다. 선택의 다양성은 얻어지는 결과에 영향을 미치지 않는다. 왜냐하면 자신의 수행이 끝날 때, 모든 관련 없는 생각들은 완전히 파괴되고 마음은 단지 바로 그 대상으로만 남아 있다는 것을 알게 되기 때문이다. 이것이 명상의 완성의 성취[50]가 의미하는 바이다.

나 탐구를 따르는 사람들은 그런 탐구의 끝에 남는 것이 바로 브람만 즉 절대자라는 것을 깨닫는다.

박띠 마르가 즉 헌신의 길을 따르는 사람들은 그들의 사다나 끝에 남는 것이 바로 그들의 헌신의 대상이라는 것을 깨닫는다.

도가 놓아줌이다.

48 반다 니브릿띠

49 그란띠 나삼

50 디야나싯디

어떤 길을 따르든 최종 결과는 하나이며 같기 때문에, 해방을 추구하는 사람에게 있어서 꼭 필요한 것은 목표에 도달할 때까지 헌신이나 탐구를 진지하고 끊임없이 하는 것이다.

4.

정지quiescence[51]는 무엇입니까? 그것은 역동적입니까, 아니면 단순한 수동성과 둔함의 상태입니까?

마: 그것은 활동이 없는 나태함의 상태는 아닙니다. 보통 노력이라고 불리는 모든 일상적 활동들은 마음의 오직 일부분에 의해서 자주 중단됩니다. 그러나 나와의 교감의 행위[52] 즉 내적으로 정지한 채 머무르는 것은 온 마음을 가지고 중단이 없이 이루어지는 강렬한 활동입니다.

다른 행위로는 파괴될 수 없는 마야(망상 혹은 무지)는 이 강렬한 활동인 내적 교감에 의해서만 완전히 파괴됩니다.

---

51 무활동, 침묵
52 아뜨마 비야바하라

5.

무엇이 환영[53]입니까?

마: 늘 존재하고, 모든 곳에 만연해 있으며, 넘칠 만큼 완벽하고, 스스로 빛나는 그것, 자신의 존재의 핵심인 나를 존재하지 않고 실재하지 않는 어떤 것이라고 생각하고 믿는 것이 환영입니다.

반대로 존재하지 않고, 실재하지 않는 것, 즉 항상 그리고 여러 시대에 통하여 환영이라고 선언되어 온 세상[54], 개인의 영혼[55], 신[56]을 실재한다고 스스로 존재한다고 생각하고 믿게 만드는 것이 환영입니다.

53 마야
54 자가뜨
55 지바
56 나 즉 아뜨만과 분리되어 존재하는 영적 성격

6.

만약 나[57] 즉 아뜨만이 스스로 빛나고 넘칠 정도로 완벽하다면, 왜 모든 사람들이 세상의 다른 대상들처럼 그것을 평범한 방식으로 알지 못합니까?

마: 어떤 특정한 대상들을 알 때마다, 그러한 대상의 형상으로 그 스스로를 알려지게 하는 것은 정말이지 나[58]입니다. 왜냐하면 알거나 자각하게 하는 것은 나의 에너지 혹은 다이나믹한 힘[59]이기 때문입니다. 아뜨만 즉 나는 순수한 의식[60]입니다. 나가 아닌 대상은 아무 것도 없습니다.

그러나 만약 나 아닌 대상들이 있다면, 그것들은 스스로 빛나지 못합니다. 즉 그것들은 자신의 존재를 자각하지 못하고, 서로를 알 수가 없고, 자기 자신이나 대상들을 의식할 수가 없습니다. 나가 이런 식으로 깨달아지지 않기 때문에 즉 어떤 것이 알려질 때마다, 나는 그로 인해 바로 그 자신을 안다는 식으로 깨달아지지 않기 때문에, 그것은 개인적 존재의 형상[61]을 취하고 탄생과 죽음의 바다[62]에 잠겨 분투하고 있는 것처럼 보입니다.

---

57 아뜨만
58 아뜨만
59 샥띠, 마야, 역동적인 활동 혹은 힘, 내면의 광휘,
60 찟, 하나이면서 보편적이다.
61 지바
62 삼사라

7.

말해지는 것처럼 지고의 존재가 어디에나 존재한다면, 그를 깨닫는 것은 쉬운 것이어야 합니다. 그럼에도 불구하고 경전은 그의 은총 없이는 신을 숭배할 수 없고 하물며 깨달을 수조차 없다고 선언합니다. 그렇다면 어떻게 지바가 그의 은총을 통해서가 아니라 그 자신의 개인적 노력에 의해 나 혹은 지고의 존재를 깨달을 수 있습니까?

마: 지고의 존재는 하나이고 나와 동일하기 때문에 그가 알려지지 않거나 자각되지 않은 적은 없었습니다. 그의 은총 즉 아누그라하 Anugraha는 바로 그의 신성한 현존 즉 쁘라사나따와 동일합니다. 그분의 신성한 현존은 깨달음 또는 계시와 동일합니다. 신성한 은총의 이 자명한 즉각성에 대한 무지는 그 반대에 대한 증거가 되지 않습니다.

부엉이가 온 세상을 비추는 태양을 보지 못한다고 해서 그것이 태양의 잘못입니까? 그것은 그 새의 시력의 결함 탓이 아닙니까? 마찬가지로 무지한 사람이 항상 빛나고 있는 아뜨만 즉 나를 자각하지 못한다고 해서 그것이 아뜨만 그 자신의 성품에 기인한다고 할 수 있습니까? 그 자신의 무지의 결과가 아닙니까?

지고의 신은 영원한 은총 그 자체입니다. 그러므로 그의 은총을 퍼부어주는 그런 개인적 행위는 없으며, 은총의 나타남은 언제나 존재하기에 어떤 특별한 때나 경우에 국한되지 않습니다.

8.

몸의 어느 부분이 나의 자리입니까?

마: 가슴의 오른쪽이 일반적으로 나의 자리라고 합니다. 사람이 몸짓으로 자신을 언급할 때, 손으로 가슴의 오른쪽을 만지며 "내가 이것을 했다, 내가 그렇게 말했다."라고 말하는 것은 흔한 일입니다.

그럼에도 불구하고, 어떤 사람들은 사하스라라[63]가 나의 자리라는 의견을 가지고 있습니다. 만약 그렇다면, 어지럽거나 잠에 못 이길 때, 그의 머리가 아래로 꺾여서는 안 되고, 대신에 흔들림 없이 있어야 합니다.

그것과는 별개로, "가슴[64]"이라는 단어는 "나"를 의미합니다. 그렇지만 "가슴"으로 지칭되는 나의 자리는 몸이나 그것의 어느 부분에 있는, 피를 돌게 하는 생리학적 기관이 아니라는 점을 주목해야 합니다.

왜냐하면 삿-찟-아난다로 묘사되는 나 즉 절대자는 넘칠 정도로 완벽하고, 영원하고, 시간과 공간의 한계를 초월하기 때문에, 안과 밖, 위와 아래 같은 상대적 공간의 개념은 사실 나에 적용되지 않습니다. 즉, 생각들이 물러나 완전한 평온 속에 가라앉아 잠기는 그곳이 나의 자리입니다.

---

63 지성의 자리, 천개의 꽃잎을 가진 연꽃.
64 흐르다얌. 흐르뜨는 가슴, 아얌은 나. 그러므로 흐르다얌은 "나는 가슴이다."가 됨.

그러므로 단순한 추상적 개념에 만족하지 않고 나 또는 순수한 의식 안에서 고요하고 평온하게 머무르는 상태를 깨닫기 위해 열중하는 수행자에게, 자리가 몸의 안에 있는지 밖에 있는지 등의 이런 고려는 전혀 상관이 없고 소용이 없습니다. 왜냐하면 그가 나 안에 머무를 때, 그런 질문이 일어날 가능성조차 없기 때문입니다.

9.

어떻게 사람이 감각 대상들과 직접 접촉하지 않고 있을 때도 그것들에 대한 생각이 마음의 가장 깊은 곳에서 끊임없이 일어나 나 안에 머무르는 고요한 상태를 깨달을 수 없게 만드는 것입니까?

마: 모든 그와 같은 생각들은 잠재적 경향성들[65]때문에 존재합니다. 그것들은 사람의 이전 생각과 행위의 습관들의 결과로 그 안에 심어졌습니다. 사실 그런 생각의 대상들은 몸 안에 있는 삶과 자신의 진정한 존재에 대한 잘못된 동일시하는 것을 허락하는 마음에게만 존재합니다. 그러면 선천적인 평온을 잃어버리고 계속해서 변하는 감각 대상들의 영향력에 지배를 받습니다.

만약 마음이 그런 생각에 관여하게 하는 대신에 그런 생각이 일어날 때마다 누구에게 그런 생각이 일어나는지 알고자 하면서 자기 성찰적으로 탐구한다면, 이런 생각들은 사실 즉시 사라집니다.

---

65 뿌르바 삼스까라들

10.

깊은 잠, 사마디 등의 상태에서는 존재하지 않는 보는 자, 봄, 보이는 대상 같은 세 가지 관계[66]가 어떻게 하나이고 우주적인 나 안에 분명히 나타납니까?

마: 나로부터 다음의 것들이 연속적으로 일어납니다. ⑴ 반사된 의식인 찌다바사, 그것은 빛이 납니다. ⑵ 개인적 의식인 지바, 그것은 보는 자이며, 첫번째 개념입니다. ⑶ 세상인 현상계가 있습니다. 그래서 세 겹의 관련 즉 보는 자, 봄, 보이는 대상이 나타납니다.

66 뜨리뿌띠, 서로 독립적으로 존재하는 것은 아니다.

11.

나[67]는 지식과 무지를 둘 다 초월한다고 말해집니다. 만약 그것이 사실이라면, 어떻게 그것은 몸에 스며들어 마음과 감각 기관들에 생명과 활동을 전달할 수 있습니까?

마: 나의 자리와 신경계의 중심 사이에 미세한 연결 즉 "매듭[68]"이 있다는 것이 진리를 아는 현자들Seers에 의해 선언되었습니다. 이 "매듭"은 "흐르다야그란띠"라고 불립니다. 전선과 필라멘트들을 통해 전도된 미세하고 보이지 않는 전기에너지가 빛과 전력을 산출하듯이, 진리의 깨달음에 의해 이 연결이 끊어질 때까지 나는 신경계를 통해 그 자신을 나타내고, 마음과 감각 기관들에 생명과 활동을 전달합니다.

반면에, 나의 자리와 신경계의 중심 사이의 이 연결 즉 "매듭"이 끊어진다면, 나는 언제나 그렇듯이 순수하고 속성이 없는 의식으로서 언제나 그렇듯이, 그 스스로에 머무른다고 현자들은 선언합니다.

---

67 아뜨만
68 그란띠

그렇다면 의식의 이 최초의 상태 즉 순수한 지식과 보는 자, 보는 것, 보이는 것의 세 가지 관계를 포함하고 있는 현상계의 상대적 지식 간의 관계는 무엇입니까?

마: 이 관계는 아래에 제시된 비교표 양식에서 영화의 비유를 통해 더 잘 이해될 수 있습니다.

감각 지각의 현상계	영화에 비유되는 것
(a) 나, 즉 순수한 의식	(a) 램프 혹은 기계 안에 있는 빛의 근원
(b) 나와 가까운 삿뜨바적인 마음	(b) 램프 바로 앞의 렌즈
(c) 바사나들 즉 마음의 경향성들 전체. 그것들은 극도로 미세하고 이해하기 어려운 생각들의 모습으로 연속적으로 일어난다.	(c) 연속해서 상영되는 사진들이 있는 필름
(d) 1. 마음 2. 활성화되거나 불이 비추어진 그것의 환경 또는 상태, 3. 개인적 존재[69]를 구성하는 나	(d) 1. 렌즈, 2. 그것을 통과하는 빛의 광선, 3. 함께 집중된 빛을 만들어내는 안에 있는 램프

69 지바

감각 지각의 현상계	영화에 비유되는 것
(e) 감각 기관들을 통하여 마음에 투사되는 나 혹은 의식의 원리의 빛. 그리고 그것은 대상의 세상[70]으로 나타난다.	(e) 렌즈를 통과하여 반대편 스크린에 밝은 빛으로 나타나는 빛의 광선
(f) (마음을 통해 전달된 빛으로 인해) 감각 지각의 현상계에서 보이는, 이름과 형태를 가진 여러 대상들	(f) (렌즈를 통해 받은 조명으로 인해) 스크린에 나타나는 다양한 종류의 사진들
(g) 신성한 법칙. 그것에 의해 미세한 성향들이 마음에 제시한다.	(g) 필름을 움직이는 기계

움직이는 필름이 렌즈를 통해 스크린에 그것의 그림자들을 드리우는 동안은 필름의 사진들이 스크린에서도 나타나는 것처럼, 미세한 성향들이 마음에 남아 있는 한, 감각 지각의 현상계는 깨어있음과 꿈꾸는 상태들 동안에 개인적 존재에 의해 (겉보기에 객관적인 실체로) 보입니다.

더욱이 필름에 있는 무수히 많은 아주 작은 사진들을 눈 깜짝할 사이에 거대한 크기로 확대하는 렌즈처럼, 마음은 씨앗과 같은 미세한 성향들을 짧은 시간에 거대한 크기로 확대시켜 그것들에게 이름과 형태를 줍니다.

필름이 없을 때는 스크린에 사진을 보내지 않고 램프의 불빛만 빛나는 것처럼, 깊은 잠, 무의식의 발작, 사마디 등과 같은 경우에서

70 렌즈에 의하여 초점이 맞추어진 빛 광선에 의하여 스크린에 불이 들어오듯이, 물질로 된 세상은 아뜨만 즉 나로부터 일어난 빛 즉 의식의 원리에 의하여 전해진 마음을 통하여 빛난다.

처럼 생각의 형태로 표현되는 미세한 성향이 없는 동안은, 뜨리뿌띠 triputi 없이 나의 빛만 빛납니다.

램프가 렌즈, 필름, 스크린을 비추는 동안, 그 자신은 변함이 없고 영향을 받지 않은 채로 남아 있습니다. 마찬가지로 나가 마음을 비추는 동안, 그것의 성향들과 감각 기관들은 언제나 그런 것처럼 순수하고 변함이 없이 남아 있습니다.

13.

명상[71]이란 무엇입니까?

마: 명상은 자신의 순수한 존재를 벗어나지 않으며, 자신이 명상하고 있다는 생각도 하지 않고 굳건하고 흔들림 없이 나로서 머무르는 것입니다. 그 상태에서는 깨어있음, 잠, 꿈이라는 마음의 세 가지 상태 사이의 구분을 전혀 의식하지 못합니다.

결과적으로 깊은 명상에서의 흔히 나타나는[apparent] 잠 또한 명상으로 생각되어야 합니다. 요약하자면, 명상은 본질적으로 "나는 명상 중에 있다."라는 생각 또는 관념에 대한 그 사람의 자각을 초월하여 있습니다.

---

71 디야나

14.

그렇다면 그런 명상과 사마디[72] 즉 나에 흡수된 것과는 어떤 차이가 있습니까?

마: 명상은 마음의 의식적 노력에 의해 시작되고 유지됩니다. 사마디 속에서는 그러한 노력이 전적으로 가라앉을 때, 그것이 사마디입니다.

72 나에 몰입

15.

명상을 수행할 때 특별히 주의를 기울여야 할 필수 요소들은 무엇입니까?

마: 나 안에 머물고자 하는 사람은 나 즉 자신인 순수한 존재에 대해 하나로 향한 집중으로부터 결코 벗어나서는 안 됩니다. 그러나 만약 그가 그 상태로부터 벗어나거나 빠져나간다면, 마음에 의해 떠올려진 여러 종류의 비전들이 보일 수 있습니다.

그렇지만 그는 그런 비전들이 객관적 실체를 가지고 있기라도 한 것처럼 현혹되어서는 안 되고, 그것들을 실재 즉 삿이라고 생각해서는 안 됩니다. 그러한 비전들에는 빛이나 공간을 가지고 있을 수도 있고, 또는 안에서 들릴 수 있는 미묘한 소리이거나 , 자신의 안이나 바깥에서 보이는 의인화된 신의 비전일 수도 있습니다.

이 비전 등을 인지하거나 인식하는 지성의 원리 그 자체가 거짓되고 환상에 불과할 때, 이렇게 인지된 대상들이 어떻게 실제일 수 있으며, 또한 인식된 비전들이 어떻게 실제일 수 있겠습니까?

수행에서는 다음 사항들에 특별한 주의를 기울여야 한다.

(a) 수행자가 비나[not Self]를 구성하는 대상들에 대한 헛된 생각에 허비된 모든 시간을 나 탐구에 대한 진지한 탐색에 쏟는다면, 그는 아주 짧은 시간 안에 나 깨달음을 얻을 것이다.

(b) 마음이 순수한 존재의 상태에 대한 굳건하고 변함없는 장악력

을 얻을 때까지, 종교적 정서[73]가 가미된 깊은 명상의 수행이 필수적이다. 그렇지 않으면 마음이 비뚤어진 생각의 쉬운 먹잇감이 되거나 잠에 의해 압도당하기 때문이다.

(c) 수행자는 "나는 지고의 신이다[74] 또는 나는 브람만이다[75]와 같이 니르구노빠사나nirgunopasana[76]의 특징으로 여겨지는 경전의 격언의 끝없고 헛된 반복에 시간을 허비해서는 안 된다. 대신에, 수행자는 그런 독실한 반복[77]에 의해 그가 얻는 마음의 힘으로, "나는 브람만이다" 등과 같은 그런 생각의 첨가 없이 나 탐구를 수행해야 한다.

(d) 수행을 잘 한다는 것은 단 하나의 심적인 개념이라도 일어날 여지를 주지 않는 것이다.

---

73 바바나, 자신이 선택한 신의 예리한 이미지에 대한 묵상, 깊은 종교적 정서. 그것은 높은 집중을 일으킨다. 그래서 마음이 넓게 열리고 동시에 변덕스러운 생각들로부터 자유로워진다.

74 쉬보함

75 아함 브람마스미

76 속성들이 없는 브람만의 숭배

77 우빠사나

16.

말해지는 것처럼 모든 것이 운명에 따라 일어난다면, 사람이 성공적으로 명상을 수행하는 것을 지연시키고 막는 장애물조차도 그런 바꿀 수 없는 운명에 의해 세워진 것으로서 넘을 수 없는 것으로 생각되어야 할 수도 있습니다. 그렇다면 어떻게 사람이 그것들을 극복하기를 바랄 수 있겠습니까?

마: 명상을 방해하는 운명이라 불리는 그것은 마음이 바깥으로 향하는 사람들에게만 존재하는 것이지 안으로 향하는 마음에는 존재하지 않습니다.

그러므로 그의 모습 그대로 남아서[remaining even as he is] 나를 탐구하려는 사람에게는 그의 명상 수행의 길에 방해가 되는 것처럼 보일 수 있는 어떤 장애물에도 겁을 먹지 않습니다. 그런 장애물들에 대한 바로 그 생각이 가장 큰 장애입니다.

17.

수행자가 지켜야 할 행동의 제약 또는 규칙들은 무엇입니까?

마: 그것은 적당한 음식, 적당한 잠 그리고 적당한 말입니다.

18.

수행은 어느 정도까지 필요합니까?

마: 조금의 노력도 없이 생각으로부터 자유로운[78] 그 자연스럽고 본래의 마음의 상태를 얻을 때까지, 다시 말해서 "나", "나의", "나의 것"이 완전히 뿌리 뽑히고 파괴될 때까지 끊임없는 수행이 필요합니다.

78 개념으로부터의 자유

19.

영적 발달에 도움이 되는 것으로서 권장되는 은거의 삶[79]은 무슨 의미입니까?

마: 나는 모든 곳에 만연해 있기 때문에, 그런 삶을 영위하기 위해 할당된 특별한 장소란 없습니다. 생각이 없는[80] 그런 평온의 상태에 머무르는 것이 바로 은거의 삶을 영위하는 것입니다.

---

79 에깐다 바사
80 정신적 관념으로부터 자유로운

20.

참된 지혜[81]의 표시는 무엇입니까?

마: 참된 지혜의 아름다움은 진리를 일단 깨달은 후에 미혹에서 벗어난 상태를 유지하는 데 있습니다.

수행자는 절대자와의 동일성을 벗어나지 않아야 합니다. 절대자와의 조금의 차별감이라도 보는 한, 욕망, 두려움, 분노 등이 자신 안에서 일어납니다. 이것들은 단지 그의 참된 지혜의 결핍을 나타낼 뿐입니다.

몸이 나라는 생각이 남아 있는 사람[82]은 그가 어떤 사람이라 할지라도 그는 진리를 깨달은 자일 수 없습니다.

---

81 비베까
82 데하뜨마 붓디

21.

포기의 삶[83]은 사람이 나 안에 머무름의 상태[84]를 실현하기 수단들 중 하나입니까?

마: 나 안에 머물음[85]을 획득하는 유일한 수단은 자신의 몸에 대한 애착을 제거하는 지속적인 노력입니다. 마음의 성숙과 순결함이 없고나 탐구가 없이 단순히 네 개의 삶의 단계[86] 중 어느 하나를 채택하는 것이 이 애착을 없애주지는 않습니다.

몸에 대해 가지는 애착은 실제로 마음의 집합체인 반면에, 삶의 단계의 상징들[87]과 그 각각의 행동 규칙들은 단지 몸에 속하고 외적이기 때문입니다. 삶의 단계의 행위의 규칙들은 마음을 정화하기 위한 것입니다.

그렇다면 그런 단순한 외적 행동 규칙에 대한 순응은 말할 것도 없고 상징을 착용하는 것이 어떻게 마음에 속한 애착을 제거할 수 있습니까?

사람이 몸에 대해 가지는 애착은 실제로 성숙하지 못하고 불순한 마음과 나 탐구의 결핍 때문입니다. 그것은 오직 마음이 성숙하고 순

83 산야사 아슈라마
84 아뜨마니슈따
85 아뜨마니슈따
86 아슈라마
87 옷과 같은 것들

수해지며 나 탐구의 수행을 시작할 때만 제거될 수 있습니다.

포기의 삶의 단계[88]는 단지 무심함[89]을 얻기 위한 수단일 뿐입니다. 무심함은 궁극적으로는 나 탐구를 수행하기 위한 수단입니다. 그러므로 해방을 간절히 구하는 사람들에 의해 채택된 포기의 삶의 단계는 단지 무심함의 함양을 통해 나 탐구를 수행하는 간접적인 수단일 뿐입니다.

포기의 삶의 단계는 마음의 순결과 성숙을 전제로 합니다. 그것들이 없을 때는 포기의 삶을 채택하여 인생을 허비하는 것보다는 의무를 충실히 이행하는 가장의 삶을 영위하는 것이 훨씬 더 유익합니다.

포기[90]의 의의는 바쁘게 마음을 사로잡고 실제로 "애착의 가족"을 구성하는 산깔빠[91]와 비깔빠[92]를 제거하는 것에 있습니다. 다른 말로 하면 그것은 마음이 나 안에서 확고하게 머물게 될 수 있도록 단순히 포기의 상징을 채택하는 것이 아니라 마음의 가족[93] 애착을 포기하는 것입니다.

---

88 산야사 아슈라마 , 넷 삶의 순서 중 마지막 단계. 그 넷은 첫째 독신생활을 하면서 신성한 경전을 배우는 브람마짜리야, 가정 혹은 사회에 봉사하는 그리하스따, 은퇴의 삶인 바나쁘라스따, 철저한 포기의 삶인 산야사가 있다.
89 바이라기야
90 산야사
91 생각, 관념, 결심
92 의심, 동요.
93 삼사라

22.

"내가 행위자이다"라는 관념[94]의 흔적이 조금이라도 남아 있는 한, 깨달음[95]은 없다는 것이 명백하게 선언되어 왔습니다. 간절히 해방을 바라는 활동적인 삶을 사는 사람[96]이 나는 행위자라는 관념이 없이 삶에서 자신의 의무를 완벽하게 수행하는 것이 가능합니까?

마: 나는 행위자라는 관념 때문에만 행위가 이루어진다는 그러한 원칙은 없습니다. 그러므로 "'나' 관념[97] 즉 '나는 행위자이다'라는 관념이 없이 행위가 이루어지고 의무가 수행될 수 있는가?"라고 의심하며 물을 여지가 없습니다.

일반적인 예를 들면, 하루 종일 사무실에 일하며 진지한 관심과 주의로 자신의 의무를 수행하는 재무부 직원은 구경꾼에게는 기관의 모든 재정적 책임을 떠맡고 있는 것으로 보이겠지만, 그러나 그는 본질적으로 그것의 수입이나 현금과 연관되어 있지 않다는 것을 알기에, 의무의 수행에 있어서 자신이 하는 모든 것에 집착하지 않고 나는 행위자라는 관념으로부터 자유롭습니다. 그럼에도 불구하고 그는 완벽하게 의무를 잘 수행합니다.

---

94 까르뜨르뜨바
95 아뜨마갸나
96 그리하스따
97 까르따

그렇듯 진지하게 해방을 구하는 현명한 활동적인 삶을 사는 사람[98]이 결국에는 과거의 까르마[99]로 인해 그의 운명이 되는 삶에서 자신을 단순히 목적을 위한 도구로 생각하면서 아무런 애착이 없이 자신의 의무를 수행하는 것은 충분히 가능합니다.

그런 행위[100]는 지식[101]을 얻는 것에 있어서 장애물이 아니며, 지식 또한 삶에서 그의 의무를 수행하는 것에 방해가 되지 않습니다. 지식과 행위는 절대 상호 적대적이지 않으며 하나에 대한 깨달음이 다른 하나의 수행에 대한 장애물이 아니고 그 반대도 마찬가지입니다.

---

98 그리하스따
99 쁘라랍다
100 까르마
101 아뜨마 갸나

23.

단지 생계를 꾸리고 가정을 유지하기 위해 자신의 모든 시간을 바쳐야만 하는, 구도의 마음을 가진 가장의 삶의 의의는 무엇이며, 어떤 면에서 그들은 서로에게 이익이 됩니까?

마: 가정을 가지고 있다면 가정의 유지를 위해 일하면서 삶에서 자신의 몸의 안락은 전혀 신경 쓰지 않는 그런 가장의 의무 수행은 오직 과거의 까르마[102] 때문에 그가 요구를 보살펴야 하는 가족 구성원에게 주는 사심 없는 봉사로 여겨져야 합니다.

그렇더라도 "그런 가장이 그의 가족으로부터 얻을 수 있는 이익은 무엇인가?"라는 질문을 받을 수도 있습니다. 대답은 그가 가족으로부터 얻을 것은 아무것도 없다는 것입니다.

그는 그동안 통찰력을 얻기 위한 수단으로 가족에 대한 의무를 수행했고, 다른 모든 수단에 의해 이루고자 하는 궁극적 목표이며 삶의 최고선인 지고한 지식의 희열을 깨달음으로써 마침내 완벽한 만족을 얻었기 때문에, 가족 구성원으로부터 또는 그가 영위하는 가정생활로부터 기대되는 어떤 것도 필요로 하지 않습니다.

---

102 쁘라랍다

24.

자연적으로 훨씬 더 큰 활동을 하도록 부추기는 가정의 의무를 적극적으로 수행하는 것에 언제나 열중하는 가장이 그렇게 바쁘게 관여하고 있는 중에도 어떻게 지고한 물러남의 평화와 그런 활동에 대한 재촉으로부터의 자유를 얻을 수 있으리라고 기대할 수 있습니까?

마: 오직 구경꾼에게만 깨달음을 얻은 가장이, 가장의 활동으로 그렇게 바쁜 것처럼 보일 뿐입니다. 비록 겉으로 보기에는 가족에 대한 끝없이 계속되는 의무의 이행에 관여하고 있지만, 그는 실제로는 어떤 종류의 활동에도 관여하지 않기 때문입니다. 그가 이렇게 바쁘게 관여하고 있는 동안에도 그의 외적 활동은 완벽한 물러남의 평화와 끊임없는 행동에 대한 재촉으로부터의 완전한 자유를 실현하는 것에 전혀 방해가 되지 않습니다.

왜냐하면 그는 모든 행위들이 그의 면전에서 일어나지만 자신은 아무 것도 하지 않는다는 진리를 알고 있기 때문입니다. 그러므로 그는 일어나는 모든 행위들의 단순한 구경꾼으로서 초연하게 있고 절대 그것에 빠지지 않습니다.

깨달은 사람은 자신의 과거의 까르마 때문에 그가 행동한다는 것은 인정되지만, 그런 행위들이 마음에 들러붙어 더 많은 활동에 관여하도록 그를 부추기는 미세한 마음의 성향 같은 후유증을 남기지 않는다고 말할 수 있습니까?

마: 이런 미세한 마음의 성향[103]으로부터 자유로운 자만이 깨달은 사람입니다. 그러므로 어떤 종류의 애착도 없이 행해지는 그의 행위들이 어떻게 마음의 성향들을 만들어낼 수 있겠습니까? 아무것도 만들어지지 않기에 아무것도 그의 마음에 들러붙을 수 없습니다.

103 바사나

26.

배움의 시기[104]가 의미하는 것은 무엇입니까?

마: 브람만[105]의 성품에 대한 탐구만이 배움의 시기입니다.

104 브람마짜리야
105 신, 불성, 순수한 의식.

27.

배움의 시기의 삶의 단계에서 수행되어야 하는 의무로서 지켜지는 행위의 규칙들이 지식의 획득을 위한 수행을 이룹니까?

마: 지식 획득의 수단인 야마[106], 니야마[107] 등의 공덕들은 전체적으로 배움의 시기의 삶의 단계에 있는 행동 규칙들에 내포되어 있습니다. 그러므로 독신[108]의 이런 규칙들의 엄격한 준수가 사실 그의 발달에 아주 도움이 됩니다.

---

106 자제들
107 행위의 규칙들
108 브람마짜린

28.

중간의 두 삶의 단계, 즉 활동적인 삶[109]과 은퇴의 삶[110]을 거치지 않고 배움의 삶의 단계에서 바로 포기의 삶의 단계[111]로 들어갈 수 있습니까?

마: 지식을 획득할 만한 충분한 자격을 갖춘 사람[112]들은 삶의 모든 단계들을 연속적으로 통과할 필요는 없습니다. 자신의 진정한 존재를 깨달은 사람은 삶의 하나의 단계와 다른 단계들 사이의 차이에 전혀 주의를 기울이지 않습니다.

따라서 자신이 어디에 속하든 그는 그것이 유리하지 않고, 즉 그의 발달에 도움이 되지도 않고, 또한 불리하지도 않다는 것을, 즉 그의 나아감을 방해하고 지연시키지 않는다는 것을 압니다.

---

109 그리하스따 아슈라마, 가정 거주기
110 바나쁘라스따 아슈라마. 물러남의 시기
111 산야사 아슈라마
112 웃따마디까린

29.

만약 네 가지 삶의 단계[113]로부터 벗어난다면, 그것은 개인에게 해롭습니까?

마: 다른 모든 행동 법칙 또는 원칙의 준수는 단지 지식 획득을 위한 수단일 뿐이기 때문에, 끊임없이 지식을 수행하는 사람은 그가 속하게 되는 네 삶의 단계들 중의 어느 것이든 그 삶의 단계의 의무를 수행할 필요는 없습니다.

만약 그런 현자가 자신의 의무를 엄격하게 행한다면, 그것은 전적으로 인류의 고양을 위해서이고 전체적인 세상의 이익을 위해서입니다.

그런 의무의 이행은 그에게 유익하지 않고 그것으로부터 벗어나는 것도 그에게 해롭지 않습니다.

제3장
경험[114]

1.

의식의 빛[115]은 무엇입니까?

마: 그것은 바로 순수한 절대적 존재–절대적 의식(삿–찟)으로 성품상 그것은 스스로 빛납니다. 그것으로 인해 모든 것이 환해집니다. 안으로는 마음이, 바깥으로는 이름들과 형상들로 된 현상계가 보입니다. 다시 말해서, 그것은 아는 자뿐만 아니라 알려지는 대상까지를 비춰주는 빛입니다.

절대적 존재와 절대적 의식이 있다는 것은 그것에 의해 환해지는 대상들로 추정됩니다.[116] 그것은 지각[117]의 대상이 아닙니다.

---

115 찌뜨죠띠
116 추론된다
117 의식

2.

지식(비갸나)[118]은 무엇입니까?

마: 그것은 파도들이 없는 바다나 움직임이 없는 광활한 공간과 같이 순수하고 변함이 없는 절대적 의식의 상태입니다. 그곳에서는 모든 생각들이 완전히 가라앉습니다. 수행자는 그것을 깨달아야 합니다. 그것은 아무런 속성들이 없는 순수한 절대적 의식입니다.

118 vijnana, 깨달음의 경험.

3.

희열[119]은 무엇입니까?

마: 그것은 깊은 잠과 닮았으며 모든 생각들로부터 완전히 자유로운 지식 즉 비갸나의 상태입니다.

이것에서 구도자는 자신이 완벽한 평화와 지고의 희열이라는 것을 깨닫습니다. 이것은 또한 께발라 니르비깔빠 사마디(개념들이 없이 있는 것)라고도 불립니다.

119 아난다

4.

희열을 넘어선 상태[120]란 무엇입니까?

마: 그것은 활동이 없는 깊은 잠과 닮았으며 절대적 정지, 즉 자그라뜨 수숩띠[121](자각을 가진 잠)에서 발견되는 끊어지지 않는 마음의 평화의 상태입니다. 그는 변함이 없는 완벽한 평화를 자각하면서 그 안에 머무릅니다. 그것이 아난다띠따입니다.

이 상태에서는 몸과 감각기관은 활동하고 있습니다. 그러나 잠을 자면서도 음식을 먹는 소년[122]처럼 그 완벽한 평화의 희열 안에 확고히 머무르고 있기에 실제로는 어떤 활동에도 관여하지 않고 있습니다. 이 상태가 자연스러운 니르비깔빠 사마디[123]입니다.

---

120 아난다띠따

121 깨어있는 잠

122 잠을 자면서 음식을 먹고 마시는 아이들의 행위는 다른 사람들의 눈에는 행위하는 것으로 보이지만, 그들은 행위를 하고 있는 것은 아니다.

123 사하자 니르비깔빠 사마디, 아무런 개념들이 없이 자신에 자연스럽게 흡수되어 있는 상태

5.

움직이거나 움직이지 못하는 모든 것들이 자신에 의존한다고 합니다. 이 말은 단지 이론적 결론입니까? 아니면 경험에 근거한 것입니까?

마: 질문에서 '자신'이라는 말은 그의 몸으로 이해되어서는 안 됩니다. 깊은 잠 속에서 가라앉는 그 형언할 수 없는 힘[124]이 깨어있는 상태에서 '나' 관념과 함께 나타날 때만 모든 것은 보이거나 경험됩니다. 이 지각하는 '나' 또는 주체가 없을 때는 아무것도 보이지 않습니다.

그러므로 존재하는 모든 것이 나 안에서 창조되고, 유지되고, 용해된다는 것은 의심의 여지가 없습니다.

---

124 샥띠

6.

서로 독립적으로 움직이는 것이 아주 분명하게 보이는, 몸들이 살아있는 수없이 많은 개인적 영혼들이 있습니다. 사람의 경험으로부터 나가 오직 하나라고 말하는 것이 가능합니까?

마: "나는 이 몸이다."라는 진술로 표현되는 자각을 나와 동일한 것으로 받아들인다면, 의심의 여지없이 개인적 영혼들이 아주 많을 것입니다.

이 '나' 개념 즉 몸 의식이 완전히 사라진 상태가 나 깨달음입니다. 그런 상태에서는 이원성의 느낌이 전혀 있을 수 없기 때문에, 나는 오직 하나라고 말해져 온 것입니다.

7.

브람만은 마음으로 이해될 수 있고, 마음으로 이해될 수 없다고 하는 것은 경험에 바탕을 한 것입니까?

마: 그렇습니다, 브람만은 순수한 마음으로는 이해될 수 있지만, 불순한 마음으로는 이해될 수 없습니다.

8.

그렇다면 순수한 마음과 불순한 마음이란 어떤 것입니까?

마: 브람만은 형언할 수 없는 힘[125]입니다. 브람만이 스스로부터 분리되자마자 의식의 반사[126]와 결합하여 여러 형상들을 취할 때 그것은 순수하지 못한 마음입니다.

마음이 분별을 통해 의식의 반사로부터 벗어났을 때 그것을 순수한 마음이라고 합니다.

마음이 브람만과 결합한 마음은 브람만을 이해한 것입니다. 브람만과 분리된 마음의 상태는 브람만을 이해하지 못한 것입니다.

---

125 샥띠
126 혹은 아바사 즉 왜곡

9.

몸이 사라질 때까지 현재 탄생에서 거두는 과거 행위의 결실[127]은 몸에 달라붙는다고 말합니다. 몸에 아직 생명이 있는 동안에도 그런 현재 탄생에서 거두는 과거 행위의 결실을 넘어서는 것이 가능합니까?

마: 그렇습니다, 그것은 이런 식으로 가능합니다. 현재 탄생에서 거두는 과거 행위의 결실이 따라야 하는 몸과 나 사이에 생겨난 자아가 그것의 근원에 흡수되어 자신의 형상을 잃으면, 그것에 의존하던 과거의 결실이 남아 있을 것입니까?

그러므로 '나'가 없으면 현재 탄생에서 거두는 과거 행위의 결실도 없습니다.

127 쁘라랍다

10.

실제로 나가 존재[128]이자 의식[129]인데, 왜 그것은 존재도 아니고 존재 아님[130]도 아니며, 의식도 아니고 의식이 아님[131]도 아닌 것으로 말하는 이유는 무엇입니까?

마: 나는 실재입니다. 그러나 그것은 절대적이고 모든 것을 포함하고 있습니다. 즉 나가 아닌 것은 아무것도 없습니다. 그러므로 그것이 실재나 비실재이냐 라는 이원성을 띤 질문을 제기할 여지는 없습니다. 그래서 그것은 실재와 비실재와는 다르다고 합니다.

마찬가지로 그것은 의식이지만 거기에는 "아는 자"나 "알려지는 것"이 없기 때문에 "의식이 있는 것"이나 "의식이 없는 것"과는 다르다고 합니다.

---

128 삿, 절대적 존재
129 찟, 절대적 의식
130 아찟
131 의식이 없는 것

제4장
확고한 머무름[132]

1.

지식[133] 안에 확고한 머무름[134]이란 무엇입니까?

마: 그것은 확고하면서도 노력이 없이 나와의 동일시 즉 나에 마음이 흡수된 상태입니다. 나가 되어버린 마음은 절대 다시는 일어나지 않습니다.

모든 사람은 자신의 몸의 의식으로 인해 "나는 염소, 황소가 아니고 다른 어떤 동물도 아닌 인간이다."라고 말하는 가장 평범하고 자연스러운 확신을 가지고 있습니다.

마찬가지로, 확고한 지식을 가지고 있는 사람은 "나는 거친 몸으로부터 시작해서 미세한 소리[135]로 끝나는 원리[136]들이 아니라 절대적 존재-절대적 의식-절대적 희열[137]이라고 선언합니다.

---

133 갸나
134 아루다 스띠띠
135 나다
136 [역주] 땃뜨바, 현상계들을 구성하는 원리들.
137 삿 찟 아난다

2.

일곱 지식의 단계들[138] 중 어느 단계를 성취하면 깨달은 자라고 간주됩니까?

마: 네 번째 단계에 이른 사람입니다.

138 갸나 부미까들 즉 지식의 단계들, 1. 깨달음을 얻기를 바람. 2. 탐구. 3. 희박한 마음 4. 나 깨달음 5. 무 애착. 6. 대상들을 지각하지 않음. 7. 초월

3.

그렇다면 왜 그 다음의 세 단계들이 열거됩니까?

마: 네 번째부터 일곱 번째의 단계들의 내용들은 해방의 상태와 관련한 것이 아니라 단지 살아있는 동안 해방을 성취한 해방된 사람[139]의 체험들에 따라 구분한 것입니다. 이 네 단계들[140]이 지식을 통한 해방의 상태를 가리키는 한, 그것들 사이에는 아무런 차이가 없습니다.

---

139 지반묵띠
140 브람마비뜨, 브람마비드바라, 브람마비드바리야, 브람마비드 바리슈따

4.

하지만 위에서 언급한 것처럼 이 해방의 상태가 모든 네 단계에 공통되는 것이라면, 왜 경전은 바리슈따[141]를 그렇게 아낌없이 칭송하는 것입니까?

마: 바리슈따에 대해 이런 칭송을 하는 것은 단지 유독 칭찬할 만한 그의 과거 때문입니다. 그것의 결과로 그는 지금 지속적이고 영적인 희열을 경험하고 있습니다. 그런 칭송의 부여에 대한 다른 이유는 없습니다.

---

141 가장 뛰어난

5.

희열이 항상 지속되기를 바라지 않는 사람은 아무도 없습니다. 그렇다면 왜 모든 깨달은 사람들이 바리슈따의 상태를 실현하기 위해 노력하지 않습니까?

마: 그것은 바란다거나 노력한다고 얻어지는 것은 아닙니다. 그것은 실제로 현재 탄생에서 거둔 과거 행위의 결실입니다. 사실 바리슈따를 칭송하는 경전은 다른 세 단계를 성취한 사람이 깨달은 자가 아니라고 말하지 않습니다.

네 번째 단계를 성취하기만 해도 자아가 완전히 파괴되는데, 바라거나 노력을 할 행위자가 어디에 있겠습니까? 게다가 욕망이나 노력이 있다면 그는 깨달은 자라고 할 수 없습니다.

6.

어떤 경전들에서는 지고의 상태란 감각 기관과 마음이 완전히 가라앉아 파괴된 상태라고 말합니다. 만약 그러하다면, 이 가장 높은 단계는 감각 기관과 마음의 경험을 가지고 있는 사람과 어떻게 조화를 이룰 수 있습니까?

마: 만약 그것이 최고의 단계라고 한다면 그 상태는 감각과 마음이 작용하지 않는 깊은 잠의 상태와 차이가 없을 것입니다.

더 나아가서 그 상태가 일시적이고, 지속적이지 않고, 끊어진다면, 즉 감각과 마음이 활동하고 있는 동안에는 존속하지 않는다면, 어떻게 그것이 자연스러운[142] 상태라고 할 수 있겠습니까?

어떤 사람에게 과거 행위의 결과[143]가 한동안만 일어나기도 하고 심지어 죽을 때까지 일어나기도 합니다. 어떤 경우이든 그것이 최종 단계라고 주장할 수는 없습니다.

지고의 상태가 만약 그렇다고 하면, 베단따 문헌들이나 베다를 지은 모든 위대한 저자들과 신Lord이 깨닫지 못한 사람들이라는 의미가 됩니다.

만약 참되고 가장 높은 단계가 감각과 마음이 활동이 없을 때만 얻는 것이라고, 즉 만약 감각과 마음이 활동적인 동안에는 존속하지 않

142 사하자
143 쁘라랍다

는다고 주장된다면, 어떻게 그것이 완벽하다[144]고 주장할 수 있을 것입니까?

과거 행위의 결과만이 깨달은 사람의 활동[145] 또는 그 활동하지 않음[146]에 달려 있기 때문에, 위대한 현자들은 개념들이 없는 자연스러운 상태[147]가 최고이며 최종적인 단계[148]라고 말했습니다.

---

144 빠리뿌르나
145 빠라브릿띠
146 니브릿띠
147 사하자 니르비깔빠
148 상태

7.

그러면 마음과 감각의 활동이 가라앉는 깊은 잠[149]과 깨어 있는 잠의 상태[150] 사이의 차이는 무엇입니까?

마: 깊은 잠[151]에서는 아무런 생각도 자각도 없습니다. 깨어 있는 잠[152]에서는 자각만이 있습니다. 그러므로 이 상태는 자각 안에서의 잠 또는 자각이 있는 잠[153]이라고 묘사합니다.

---

149 수숩띠, 보통의 잠
150 자그라수숩띠
151 수숩띠
152 자그라 수숩띠
153 완전한 평온의 나 의식의 상태

8.

똑같은 나가 네 번째 상태[154]라고도 하고, 네 번째 상태를 넘어선[155]이라고도 합니까?

마: 뚜리야는 네 번째라는 의미입니다. 비스바, 따이자사, 그리고 쁘란야라고 하는 깨어있음, 꿈, 깊은 잠[156]이라는 세 가지 각각의 상태 동안에 간헐적으로 일어나는 경험자는 나가 아닙니다.

나는 이 세 가지 중 어느 것과도 다르고 그것의 목격자라는 것을 보여주기 위해, 그것을 네 번째라고 부릅니다.

이것을 알면 세 상태의 경험자들은 사라지고, 나가 목격자라는 것도, 그것이 네 번째 상태라는 생각도 사라집니다.

뚜리야와 뚜리야띠따 사이의 이 구분은 단지 이것을 의미할 뿐 그 이상은 아닙니다.

---

154 뚜리야
155 뚜리야띠따
156 깨어있는 상태의 일반적인 영혼, 꿈을 꾸는 미세한 몸에서 나타나는 밝은 영혼, 깊은 잠을 자는 근원의 몸에서 나타나는 지혜로운 영혼.

경전들이 깨달은 사람에게 무슨 소용이 있습니까?

마: 깨달은 사람은 경전에서 가리키는 모든 속성들로서 빛납니다. 그러므로 그에게는 이런 경전들이 아무런 소용이 없습니다.

10.

싯디[157]의 획득과 해방[158]의 성취 간에는 어떤 관련이 있습니까?

마: 나에 대한 탐구[159]만이 해방으로 이어집니다. 모든 싯디들은 예외 없이 우주적 환영[160]이 창조한 겉모습들일 뿐입니다. 나 깨달음[161]만이 영원하고 참된 싯디입니다. 마야의 영향으로 나타나고 사라지는 성취들은 전혀 싯디가 아닙니다. 이런 싯디들을 원하고 성취하는 것은 대중의 관심과 명성을 얻기 위한 목적과 감각의 만족을 위한 것입니다.

그러나 어떤 사람들의 경우에는 바라지 않았는데도 그것들이 오기도 합니다.

절대자[162]와의 합일로 오는 깨달음만이 모든 싯디의 진정한 목적입니다. 이것이 합일에서 오는 깨달음이 해방[163]이라고 알려진 지고의 상태입니다.

---

157 초능력
158 묵띠
159 아뜨마비짜라
160 마야
161 아뜨마 싯디
162 브람만
163 아이끼야 묵띠

11.

절대자와의 동일성의 깨달음이 해방의 참된 본질이라고 여겨진다면, 왜 어떤 경전에서는 해방을 몸과 관련지어, 해방은 몸을 떠나지 않을 때만 성취할 수 있다고 말합니까?

마: 속박이 실제로 있을 경우에만 해방과 그 체험이 일어납니다. 그러나 진리는 그렇지 않습니다. 가장 높은 관점에서 보면, 나 즉 뿌루샤에게는 네 상태 그 어디에도 아무런 속박이 없습니다.

'속박'이라는 용어는 단지 베단따 체계에서 강조하여 선언하는 언어적 가정입니다. 아무런 속박이 없다면, 속박이라는 용어에 의존하고 있는 상대적인 개념인 '해방'이라는 용어의 사용이 어떻게 일어날 수 있겠습니까?

이런 진리를 모른 채, 속박과 해방의 본질을 탐구하는 것은 불임여성의 아들이나 토끼의 뿔을 알아보려는 것처럼 헛되고 소용없는 일입니다.

12.

만약 그렇다면 경전과 고대 현자들이 속박과 해방의 본질과 특성에 관해 상세하게 말한 것은 일관성이 없으며 전혀 사실이 아닐 것입니다.
그들이 그런 거짓된 진술을 하는 것이 적절합니까?

마: 그렇지는 않습니다. 이 진술들은 일관성이 없지도 않고 무의미한 것도 아닙니다. 또한 그것들은 거짓이지도 않으며 참되지 않은 것도 아닙니다.

그와 반대로 태고부터 생긴 무지에 의하여 만들어진 속박이라는 망상은 지식에 의해서만 제거될 수 있습니다. 이 목적으로 '해방'이라는 용어가 일반적으로 받아 들어져 왔습니다. 그 용어는 이 정도만 의미할 뿐 그 이상은 아닙니다.

해방의 본질과 특성이 사람에 따라 다르게 설명된다는 바로 그 사실은 해방의 개념이 순수한 상상물의 산물이라는 것을 증명해줍니다.

13.

만약 속박과 해방이 단지 공상에서fanciful 나온 개념일 뿐이라면, 수행자가 듣기[164], 깊은 명상[165] 등[166]의 모든 노력들이 전혀 소용이 없습니까?

마: 아닙니다, 그런 노력들은 헛되지 않습니다. 속박이나 해방과 같은 것이 없다는 확신은 모든 노력들의 지고의 목적입니다.

위에 언급된 그런 수행[167]을 통해서가 아니면, 이 지고의 목표, 즉 사실, 참된 경험의 영역에는 존재하지 않는 속박도 없고 해방도 없다는 완벽한 깨달음을 달성하는 것은 불가능합니다.

---

164 슈라 바나, 나를 깨달은 구루로부터 신성한 경전들과 자신의 체험을 제기하는 것.
165 마나나, 진리에 대한 깊은 명상.
166 니디디야사나. 의심들이 사라지고 완성이 얻어지는 자신의 순수한 절대적 존재에 확고히 고정됨.
167 사다나

14.

속박과 해방이 실제로 존재하지 않는다고 말하는 것에 어떤 근거가 있습니까?

마: 사실 이것은 단지 경전들의 힘에 의해서가 아니라 경험에 바탕으로 해서 결정됩니다.

15.

그러면 이 경험을 어떻게 합니까?

마: 속박과 해방의 개념은 단지 마음의 변형[168]일 뿐입니다. 그것들은 그것 자신의 아무런 실재성을 갖고 있지 않습니다. 따라서 그것들은 스스로 작용할 수도 없습니다. 그것들이 변형되어 나오는 어떤 독립적인 실체가 있어야 합니다.

만약 "속박과 해방이 누구에게 있는가?"하고 묻는다면, 그 답은 "그것들은 나에게 있다."라고 답할 것입니다.

여기서 그가 '나는 누구인가?'를 진지하게 탐구한다면, 그는 '나'같은 것은 없다는 것을 알게 될 것이다. '나'가 존재하지 않는다는 것을 알고 난 후에도 남아 있는 것이 자신의 진정한 존재입니다. 그것은 마치 손 안에 든 아말라까 열매처럼 분명히 알게 될 것입니다.

언어적 토론에 불과한 것을 하지 않고, 자기 자신의 내면을 탐구해 들어가는 사람은, 이 진리를 아주 자연스럽고도 분명하게 체험할 것입니다.

그러므로 이런 깨달음을 얻어서 나와 완전히 동일시하고 있는 사람은 속박도 해방도 없다는 것에 관해서는 의심의 여지가 조금도 없습니다.

---

168 비까라

16.

만약 실제로 속박도 없고 해방도 없다면, 세상 사람들이 기쁨과 슬픔을 경험하는 이유는 무엇입니까?

마: 이것들은 우리가 자연스럽고 순수한 자신의 존재의 상태로부터 벗어날 때만 실재하는 것으로 보입니다. 그 안에 머무르는 동안에는 그렇지 않습니다.[169]

---

169 그것들은 실제로 존재하지 않는다.

17.

모든 사람이 직접, 의심의 여지없이 자신의 참된 성품을 아는 것이 가능합니까?

마: 확실히 그러합니다. 그것은 모든 사람에게 의심의 여지없이 가능합니다.

18.

어떻게 의심의 여지가 없는 그런 경험이 모든 사람에게 가능하다고 말해질 수 있습니까?

마: 지각이 있거나 지각이 없는 전체 우주가 의식의 상실을 수반하는 깊은 잠, 기절, 등의 여러 상태들 동안 전혀 존재하지 않는 동안에도, 자신은 결코 사라지지 않는다는 것이 모든 사람의 공통적인 경험입니다.

그러므로 모두에게 공통적이며 모든 사람에 의해 항상 직접적으로 체험되는 순수한 존재의 상태가 자신의 진정한 성품입니다.

깨달은 상태이든 무지의 상태이든, 더욱 더 새로운 언어로 그것들이 묘사될지라도 그것들은 단지 마음의 변형[170]들일 뿐입니다. 새로운 언어로 묘사[171]되는 모든 경험들은 자신의 참되고 자연스러운 존재와 완전히 다르다는 것이 최종 결론입니다.

170 바바 비까라
171 [역자 주] 묘사는 마음으로 함. 진리는 마음 너머에 있음

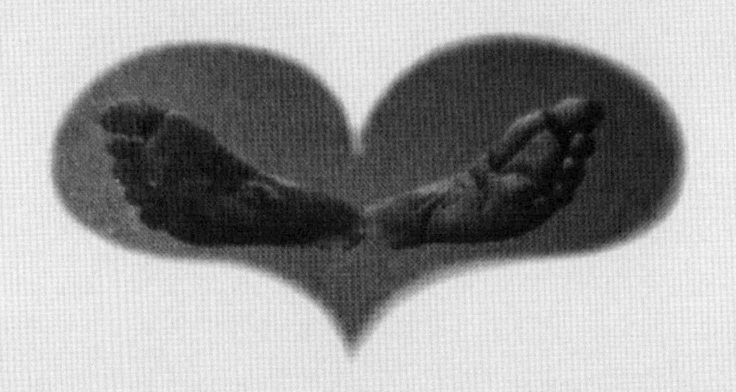

옴 땃 삿

옴 슈리 라마나르빠나마스뚜[172]

172 옴, 이것이 슈리 라마나에 바치는 공물이기를.

바가반 슈리 라마나 마하리쉬의

연꽃 가슴에서 우러나온 경험의 말씀들로 이루어진

이 책이

세상을 포기한 사람들의 마음을 비추어 주는

지식의 등불로 빛나기를.

축복

우리 모두를 흡수하는
그 침묵으로서 거하고,
그 자체만으로 셋(영혼, 세상, 이슈와라)의 뿌리로 남아 있는
구루 라마나의 발로
세상이
오랫동안 축복받기를…

참고한 책들

깨달음을 얻은 쭈달라의 이야기, 바시슈따 저, 김병채 옮김, 슈리 크리슈나다스 아쉬람, 2023.

바가바드 기타, 샹까라짜리야 주석, 김병채 옮김, 슈리 크리슈나다스 아쉬람, 2023.

Collected Works of Sri Ramana Maharshi, Sri Ramanasramam, 2011.

Kaivalya Navaneetha, Tandavaraya Swami, Sri Ramanasramam, 2006.

Knowing the Knower, Swami Tyagananda, Ramakrishna Mission Institute of Calcutta, 2017.

Origin of Spiritual Instruction, Society of Abidance in Truth, 2006.

Spiritual Instruction of Bhagavan Sri Ramana Maharshi, Sri Ramanasramam, 1997.